AF561899

# DE
# LA FRANCE,
## DE L'EUROPE,
ET DE L'INFLUENCE
## DES SOCIÉTÉS SECRÈTES.

IMPRIMERIE DE A. BARBIER, RUE DES MARAIS S.-G., N. 17.

# DE LA FRANCE, DE L'EUROPE, ET DE L'INFLUENCE DES SOCIÉTÉS SECRÈTES.

PAR LEBLANC.

PARIS,

CHEZ LES MARCHANDS DE NOUVEAUTÉS.

MDCCCXXXI.

# PRÉFACE.

L'INTÉRÊT personnel dicte la grande majorité des ouvrages politiques; c'est un triste guide que l'intérêt, il ne sera pas le mien; je dirai à ceux qui nous gouvernent la vérité. Lois et libertés, telle est ma devise; travailler au bonheur de mon pays, mériter la confiance de mes concitoyens, tel est mon but. La route que j'ai à suivre est tracée par ma conscience. Je ne serai pas assez moutonnier pour suivre ceux même de mon parti s'ils s'en écartent. Ma persuasion est que le bien-être social consiste à assurer la liberté de tous et à faire le bonheur du plus grand nombre possible. Je considérerai les masses avant d'individualiser, je prêcherai l'unité, parce qu'elle est le premier principe de la force, et toute mon ambition se renfermera dans ces deux mots : La France.

---

# DE
# LA FRANCE,
DE
# L'EUROPE
ET DE L'INFLUENCE
## DES SOCIÉTÉS SECRÈTES.

Une société secrète présidée par des hommes riches, éclairés, mais ambitieux, fit la révolution de 1830.

Des ordonnances impolitiques, illégales, jointes à l'imprévoyance et l'ineptie, lui en fournirent les moyens.

Cette société avait un but, ce but est atteint; quelques hommes du parti restent, mais la société est dissoute. C'était une société et non pas un ordre.

Financiers, manufacturiers, commerçans, étaient à la tête de cette association; ils entraînèrent nécessairement les marchands, et le commerce y prit part sans y être affilié positivement. Un comité-directeur et plusieurs comités furent établis; un pacte fut fait, chacun s'engagea à renvoyer ses subordonnés au premier mot du chef.

Un petit nombre d'hommes du peuple suffit pour faire un soulèvement partiel; la société les trouva, leur donna de l'or à distribuer, ils en entraînèrent d'autres : ainsi commença la révolution. On fit marcher d'abord un certain nombre de gens de la plus basse classe; le mot d'ordre, leur cri de ralliement était *Vive la Charte!* ils ne le comprenaient pas. Comme un torrent dévastateur, ils brisaient tout sur leur passage; on les laissa faire.

Ce premier succès leur donna la hardiesse: d'autres hommes, au-dessus de leur classe, les suivirent; ils commencèrent à s'armer. *C'était alors le peuple parisien.* Le temps était venu; le chef donna le signal, et la société fut fidèle à son pacte. Manufacturiers et marchands renvoyèrent leurs ouvriers; la plus grande partie rejoignit la foule, elle prit un aspect imposant, les curieux vinrent la grossir, et la confiance s'augmentait en raison du nombre.

C'est alors, seulement, qu'on pensa à dissiper ces attroupemens menaçans. Déjà il n'était plus temps, on envoya les troupes se faire écraser dans les quartiers populeux. Cette guerre inégale enhardit le peuple, il se doubla; la mort des siens l'engagea à la vengeance, le cri de guerre retentit avec plus de force, le son lugubre du tocsin se mêla au bruit des armes et la fureur se joignit à la résistance.

La société trembla de ce mouvement, l'anarchie était là; la révolution, qu'elle ne conduisait déjà plus, prenait un caractère alarmant. Une députation se rendit près des ministres et les pria, pour la dernière fois, de rapporter les ordonnances, de donner leur démission et de sauver le trône et leur maître : mais l'entêtement, l'aveuglement le plus complet était le partage de ces hommes impolitiques. Ils refusèrent, la guerre continua. Cependant, Paris était dans de vives inquiétudes; d'autres députations se formèrent d'elles-mêmes dans son sein et furent supplier le roi; ce fut vainement.

Les barricades commencèrent, et la guerre se fit de nouveau.

Des jeunes gens enflammés par le cri de liberté, toujours si puissant sur leur cœur, se joignirent au peuple. Les élèves de l'École polytechnique, des Écoles de Droit, de Médecine, se mirent à leur tête. La garde royale, ne recevant plus d'ordres, et sans vivres, commença à ployer ; la ligne se rendit.

Alors, on vit des hommes courageux par leurs antécédens se mettre à la tête du mouvement; les troupes se retirèrent vers Saint-Cloud. On apprit que Paris était mis en état de siége. La conséquence naturelle de cette mesure était de paralyser l'autorité administrative et judiciaire, et de remettre cette autorité entre les mains d'un commandaut militaire.

Ainsi, on fit de la résistance une nécessité,

et le danger de chacun doubla l'énergie des masses. Paris fut dépavé, et les couleurs tricolores reparurent avec la victoire.

L'anarchie la plus complète existait; mais cependant, pas de vols, pas de pillage; nous dûmes alors à la société, autant qu'à la sagesse du peuple, cet ordre au milieu du désordre; car elle employait tous ses efforts à circonscrire la révolution, en lui donnant des chefs; mais, néanmoins, elle craignait fortement d'être débordée.

L'idée spirituelle d'un homme de bon sens nous tira du plus mauvais pas; il fit, à lui tout seul, un gouvernement provisoire, le fit afficher à chaque carrefour, et rassura les esprits.

La garde nationale s'assembla pour maintenir l'ordre; les députés les plus courageux se réunirent pour protester contre les ordonnances et faire de la révolution une révolution légale.

L'Hôtel-de-Ville devint le siége d'une espèce d'aréopage. Là, les hommes des divers partis proclamaient leur opinion : l'un voulait la république, l'autre, un gouvernement provisoire. Un jeune homme, admirateur du règne glorieux de l'empire, se présenta et proposa de partir à l'instant pour Vienne, et de demander Napoléon II.

Cependant, ce peuple qui s'était conduit avec tant de vaillance, avec tant de réserve et de grandeur d'âme; qui, lui-même, avait fait d'une révolution une action sublime, par la force jointe à la modération; qui avait su entretenir l'ordre et perpétuer la justice, au milieu du chaos et du tumulte des batailles, était là, pressé sur cette place, attendant dans le silence une décision. Mais, sans opinion fixe, le nom de Napoléon, entouré d'une auréole de gloire, eût retenti dans le cœur de ce peuple courageux. Des gens dévoués à ce jeune homme, répandus au milieu de la foule, les mains pleines d'or, attendaient le signal; s'il avait été donné, le cri de *Napoléon II*, répété par cette multitude, eût enlevé l'approbation du premier citoyen de France, car c'était la voix du peuple.

Mais après une courte conférence à l'Hôtel-de-Ville, où il apprit qu'on avait envoyé au duc d'Orléans une députation, et qu'il acceptait la lieutenance du royaume, ce jeune citoyen pensa comme la pluralité des Français, amis de l'ordre et de la paix, que l'acceptation du duc d'Orléans était le meilleur préservatif contre l'anarchie, et le plus grand service que ce prince pût rendre à la nation.

En effet, si au milieu de cette agitation

populaire, la nation n'eût pas été incessamment gouvernée, bientôt elle devenait ingouvernable.

Le duc d'Orléans fut proclamé lieutenant-général du royaume; les Chambres s'assemblèrent, une foule d'intrigans assiégèrent le Palais-Royal et l'Hôtel-de-Ville, se vantant tous de leurs exploits vrais ou faux : quelques braves gens furent aussi offrir leurs services et leurs hommages au roi futur. Chacun se réjouissait de l'heureuse issue de cette révolution.

Les Chambres se constituèrent; le lieutenant-général du royaume fit un discours d'inauguration; il fut applaudi, il devait l'être : mais le poignard, dit-on, l'attendait à la descente de la tribune; le hasard sauva ses jours.

Pendant ce temps, le peuple s'assemblait aux Champs-Élysées; les Rouennais étaient arrivés; une armée populaire se dirigeait sur la demeure du vieux roi. Il avait abdiqué, mais on voulait le forcer à partir. Cette multitude était commandée par un général, marchait sans ordre, les uns en fiacre, d'autres traînés par ceux qui n'étaient pas armés.

La destinée des princes était horrible! mais, ils se l'étaient attirée par des fautes réitérées et inconcevables. Le duc d'Angoulême avait reçu d'une manière outrageante tous ceux qui étaient venus se ranger près de lui; il avait taxé de lâcheté ces troupes harassées et affamées, et prêtes encore à mourir pour sa famille. Il n'avait su, ni monter à cheval pour soutenir sa cause, ni céder aux circonstances: il céda cependant, mais pour traîner une troisième fois les Bourbons vers la terre d'exil.

Madame la duchesse de Berry avait donné des conseils de douceur et de légalité; mais, voyant la couronne échapper des mains de son fils, après l'abdication du roi, elle voulut se mettre à la tête des troupes, non pour sabrer le peuple, mais pour proclamer ses droits et pour demander ceux de son enfant. De l'artillerie et des troupes aguerries étaient sous ses ordres, prêtes à tout entreprendre; ce n'est pas la mort qu'elle craignit, mais l'effusion du sang. Elle céda à cette crainte et aux ordres du vieux roi, qui voulait partir. Elle suivit sa destinée. Bientôt après, le duc d'Orléans, lieutenant-général du royaume, fut élu roi.

Examinons maintenant l'état politique de la France et de son gouvernement, et l'influence des sociétés secrètes.

---

Il n'y a pas de révolution sans lien secret qui unisse, pour un même but, un certain nombre d'hommes : tout assemblage de la sorte est une société. Celle qui fit la révolution de 1830 était honorable : son but était la monarchie constitutionnelle, l'ordre, la loi et l'égalité des Français devant cette loi. La France serait heureuse de vivre dans cet état de liberté que la révolution de 1830 lui promet; mais elle sera troublée par d'autres sociétés moins généreuses, qui s'appuient cependant sur un système légal. La première de celles-ci est populaire, mais moins populaire qu'ambitieuse.

Ses adeptes s'écrient : « Les Chambres n'ont pu
» se constituer légalement ; il leur faut un
» autre mandat, un mandat plus national : que
» les élections se fassent par la voix du peuple ;
» que tous soient appelés à travailler au bon-
» heur de cette France dont ils sont citoyens ;
» que leurs députés seuls règlent nos droits ;
» qu'ils se constituent en assemblée nationale ;
» que cette Chambre des pairs, inutile autant
» que privilégiée, soit à jamais abolie par un
» décret des représentans de la nation ; que tous
» ces vains titres, qui mettent une distance
» entre les citoyens et forment une barrière à
» l'égalité, soient abrogés ; que le roi ne soit
» plus que le chef de l'état, et que l'état soit
» la république. » Eh bien, ceux-là, je crois de bonne foi qu'ils ne veulent pas aller plus loin : le civisme aveugle les uns, l'ambition aveugle les autres, efface en eux le souvenir :

ils ne voient pas renaître, après l'Assemblée Constituante, la Gironde, la Montagne, toutes ces sociétés qui se renversaient l'une l'autre, et se roulaient tour à tour dans des flots de leur sang et dans celui de leurs concitoyens. Ils ont un parti, ils forment la tête de ce parti, mais ils n'ont qu'une tête; Richelieu l'eût coupée; Napoléon les eût rassemblés pour les écraser en masse. Nous ne sommes plus dans le siècle des crimes politiques ou des baïonnettes, et la vraie liberté peut seule aujourd'hui réunir tous les partis. Mais une secte, qui eût défié et Richelieu et Napoléon lui-même; une société, qu'on peut appeler l'hydre à sept têtes, qui trame dans l'ombre, dont on craint le poignard, qui s'élève ou se traîne selon les circonstances, qui est puissante parce qu'elle est unie, veut aussi le renversement du gouvernement actuel : nouveau Protée, elle fait de ses membres des républicains, des royalistes, des libéraux : en France, elle est l'ennemie du peuple; en Irlande, elle est son plus ferme appui; son but n'est pas arrêté, il est continuel; ce but, c'est son intérêt; si elle suit un parti, si elle lui devient utile, c'est lui seul qui la guide. Aujourd'hui, elle soulève les passions, soudoie la basse classe, lui donne le vain espoir des honneurs, entraîne le tiers-état par des paroles captieuses, effraie la noblesse et les riches, décourage le commerce, parle aux vrais républicains avec énergie, réveille la leur, entretient la haine des ultra-royalistes, en leur rappelant qu'ils ont perdu leurs sinécures et leurs honneurs, et en fait les partisans de l'ancienne charte qu'ils méprisaient naguère. Ils travaillent avec les républicains, avec les ambitieux, avec les gens qui n'ont rien à perdre; un nombre considérable de Français sont entraînés par ces belles et captieuses idées, et répètent avec eux, qu'en effet, rien n'a été fait légalement. Cela est vrai, nous ne pouvons le contester; mais du chaos, que vouliez-vous donc voir sortir : était-ce 93? et la Chambre, l'élue de la nation, n'était-elle pas, quand l'anarchie nous menaçait, notre meilleur bouclier? où en serions-nous maintenant?

J'en conviens avec vous; la révolution étant consommée, le pouvoir législatif n'existait plus; car il était dans les Chambres unies au roi déchu.

Le pouvoir exécutif n'existait plus, car il était tout entier dans la personne du roi.

L'autorité administrative, l'autorité judiciaire qui toutes deux émanent du pouvoir exécutif, avaient été frappées d'incapacité : la révolution de juillet avait anéanti la servitude qui nous était octroyée. La révolution de juillet 1830 voulait régénérer la France. Benjamin Constant disait que les députés n'étaient que les représentans provisoires de la nation : en effet, leur mandat, leur seul mandat était d'établir un mode nouveau d'élections et aux nouveaux députés du peuple appartenait le droit d'ériger un nouveau gouvernement. Mais il y a loin de là encore à la constituante ; et ces trois pouvoirs, dont l'un est élu déjà par le vœu de la nation, peuvent être reconstitués légalement, si la Chambre actuelle fait une nouvelle loi d'élection plus conforme à nos idées et aux libertés qui doivent enfin nous être acquises.

Cependant nos antagonistes continuent à entraîner les hommes réellement citoyens, les hommes monarchiques et constitutionnels; ces hommes honorables composent pour la plupart la garde nationale, le plus ferme appui du trône, le seul appui de la France; mais se refroidissent peu à peu par ces dangereuses idées: et qu'on vienne, au nom de la légalité, proclamer un nouvel ordre de choses, ils attendront ce nouvel ordre de choses, et resteront neutres et impassibles.

L'armée ne peut et ne veut prendre aucune part aux querelles du peuple avec son roi. Elle se souviendra long-temps de 1830. Il n'y a plus d'armée que de nom; elle ne redeviendra réellement elle-même qu'en marchant à l'ennemi.

Le gouvernement, tout nouveau, à peine établi, se soutient mais avec peine : il court les plus grands dangers, et la première concession entraînera l'édifice. Pour ne pas faire cette concession, il faut la force et l'énergie : cette force et cette énergie prévaudront-elles contre cette armée de sectaires, dont je n'ai dépeint que quelques-uns? contre ces partis hétérogènes réunis en un seul? joints encore à quelques hommes de l'empire, faible partie des partisans du duc de Reischtadt, n'ayant tous qu'un seul cri : le changement....

C'est là la grande question que nous allons nous efforcer de résoudre.

Si le roi descend un seul degré du trône, s'il devient le chef suprême de l'état, le chef de la république, il est personnellement perdu (1). La réussite de l'association qui sera parvenue à ce résultat fera nécessairement éclore d'autres associations plus neuves et plus ardentes, qui se diront à leur tour le soutien

(1) République dérive de *respublica*, la chose publique, le bonheur de tous. La monarchie réellement constitutionnelle est une vraie république : c'est celle-là que je désire avec un roi, et non la république française de 93; et cette dernière est celle dont je veux parler.

du peuple ; qui seront enhardies par l'impunité de la première ; qui la renverseront, parce que la première ayant atteint le but qu'elle s'était proposé, s'affaiblira nécessairement, les exigences de ses adeptes étant satisfaites. Elle n'aura plus cette ardeur pour conserver qu'elle a mise à acquérir, parce qu'en révolution l'esprit populaire adopte les idées neuves ; que la tâche des ambitieux est le renversement continuel de ce qui est. Rien alors ne pourrait contenter les exigences de ces nouveaux venus : les tribunaux seraient renversés pour faire place aux comités de salut public, et le régime de 93 arrivant, la liberté, cette liberté si chère à tous les vrais citoyens fuirait à grands pas devant le plus cruel, le plus honteux des esclavages.

Comment, dans notre révolution de 89, les royalistes, et ensuite tant de gens paisibles ont-ils succombé? Parce qu'ils n'avaient aucun point de ralliement. Comment tous ceux qui étaient riches ont-ils succombé? Parce qu'aux yeux des factions rien n'est sacré, et qu'ils n'avaient aucun point de ralliement. Comment a-t-on vu en France de vieilles femmes tricotant sur des bancs de pierre, condamner à mort d'honnêtes gens qu'on amenait au tribunal révolutionnaire, qui lui-même n'osait les contredire? Parce que la liberté est une, et que lorsqu'on outre-passe ses bornes, elle dégénère en cruelle licence. Comment, constitutionnels et monarchiques, ne voulant que le bien de notre France, succomberons-nous à notre tour? Parce que nous n'avons pas de point de ralliement.

Le seul moyen de sauver le roi, la France et le peuple lui-même, est de se rallier. Mais dire rallions-nous autour du trône est une parole vaine qui n'engage personne; et quand l'occasion est imminente, le trône reste seul exposé aux coups d'une association qui entraîne après elle une multitude d'hommes, courant au-devant de vaines espérances qui les entraînent, et ne leur laissent souvent que la déception et le regret.

Quelles armes emploierons-nous donc pour combattre tant d'ennemis, tant de gens qui ne voient que leur intérêt propre? la question est facile à résoudre.

Formons nous-mêmes une association, mais que ce soit au grand jour; que la liberté y préside; sous son égide, jurons de défendre et le trône et la France; que nos noms, inscrits sur des registres déposés dans chaque municipalité, soient nos meilleurs certificats de civisme (1); et quand le danger sera immi-

(1) Les statuts de ce projet sont arrêtés.

nent, comme nos sermens auront été facultatifs, on nous verra courir aux armes. Ce ne seront plus là les sermens intéressés de ceux qui ont monté à l'assaut dans l'antichambre d'un ministre, pour saisir une place; ce ne seront plus là des sermens arrachés comme ceux qu'on arrache aux électeurs, dont le vote libre n'est réellement libre, avec un moyen si peu libéral, que dans un sens; le monarque, la liberté étant le bien de tous, nous respecterons ceux que leurs opinions ou leurs idées éloigneraient de ce contrat de famille, et ce respect les ramènerait bien plutôt au sentiment du vrai que des rigueurs que la liberté réprouve. C'est ainsi que ces sermens qui, par leur multiplicité, prennent le caractère d'une formule et perdent leur caractère sacré, redeviendraient sacrés aux yeux des hommes. C'est ainsi que, par l'assentiment de la généralité des citoyens, nous pourrions répondre à ceux qui nous disent qu'un parti, que l'aristocratie financière, a placé Philippe Ier sur le trône :

Le gouvernement qui s'éclipsa avait cherché un soutien là où il ne pouvait le trouver : la noblesse et le parti-prêtre. Ces deux corps, jaloux l'un de l'autre, avaient souvent, par leurs dissentions, forcé le roi Charles X à se jeter dans les bras des libéraux. Le vieux roi ne le faisait qu'à son corps défendant : il ne pouvait éteindre en son cœur cette rancune que lui avait laissée l'émigration, effacer de son souvenir l'image de ces vieux guerriers arrivant sans défense, et cependant sans obstacle jusqu'au trône de son frère, qu'ils renversèrent. Il quittait bientôt les libéraux et les hommes monarchiques pour rejoindre avec plus d'ardeur les absolutistes, qui flattaient ses folles idées. Enfin ces deux partis, qu'on avait vainement cherché à unir, on les joignit par une société, la congrégation, et de cet amalgame se forma un parti qui eût été puissant s'il eût été moins violent.

Mais c'est vainement qu'on chercherait la force d'une nation dans un parti : c'est la nation elle-même qu'il faut avoir, et la nation c'est le tiers-état (1), c'est là qu'existe le principe de sa force.

Le clergé (2), le patriciat, le peuple, l'armée,

(1) J'entends par tiers-état la classe moyenne.

(2) Une loi préservatrice des intérêts des familles serait nécessaire; il faudrait que les enfans ne pussent se confesser, jusqu'à l'âge de vingt-un ans, sans l'autorisation écrite des parens, qu'une femme ne pût se confesser, avoir un directeur sans l'autorisation de son mari. Ainsi l'on verrait moins de séparations; ainsi la loi du divorce, qui nous est nécessaire, trouverait peu de ménages qui voudraient en user, et la vie domestique serait exempte des querelles intestines que la confession

sont au tiers-état ce que les membres sont au corps; ils ne peuvent vivre l'un sans l'autre : l'expérience des siècles le prouve. Au roi appartient de les tenir dans un accord parfait; c'est à lui à calmer les exigences des uns, à calmer les prétentions des autres, à les réunir en une même famille par des lois préservatrices de tous les intérêts; à leur donner, entre eux, cette confiance qui apporte l'aisance et la richesse à les réunir; enfin, par le partage d'une égale et entière liberté. C'est cette liberté qui donnera à la classe moyenne la force de résister aux mouvemens populaires. Le peuple fait les révolutions anarchiques et passagères; la classe moyenne les fait grandes et solides,

y sème sans cesse. Je citerai pour exemple le conseil d'un prêtre qui, en confessant une dame de ma connaissance, lui disait : « Vous devez quitter votre mari, s'il n'a pas, le samedi et le vendredi, du maigre sur sa table. »

parce qu'elles sont le fruit du raisonnement et dans l'intérêt des masses : au jour où nous sommes, à la classe moyenne seule appartient la force et le pouvoir, c'est en ce sens qu'il est de l'intérêt du gouvernement de lui accorder ce qu'elle demande avec justice, qu'il est de son honneur de lui accorder, sans déception ni sans restrictions, les libertés qui lui ont été promises; c'est alors que l'on dira : tout est vérité.

La liberté n'est point la licence, comme bien des gens veulent la comprendre. Ce n'est point l'anarchie, ce n'est ni la république, ni la monarchie, ni la victoire, ni les trésors qui l'enfantent, elle se crée elle-même; elle peut naître au milieu de tous les gouvernemens : la loi est sa base fondamentale : elle ne peut exister sans elle; mais si cette base est faussement placée, la liberté s'écroule.

Pour qu'elle fleurisse au milieu de nous,

qu'elle y prenne de profondes racines et qu'elle nous rallie, il faut la dégager de toute entrave.

Suis-je libre, lorsque, pour sortir de mon coin de terre, pour marcher sur le sol de la France, il faut qu'un commis, souvent grossier, m'octroie, au nom du roi, une permission qu'il me fait payer? Suis-je libre, si pressé par une affaire importante, j'oublie de me munir de cette permission, et qu'un gendarme vienne, au nom de la loi, m'arrêter, me constituer son prisonnier?

Ai-je caractère d'homme quand, sans me défendre, il faut m'arracher des bras de ma famille, pour suivre les agens d'un procureur du roi, qui lance contre moi un mandat d'amener? qu'il me faut laisser cette famille, bourrelée d'inquiétude, et voir couler ses larmes? Mon innocence est-elle un préservatif contre ma propre douleur, et traîné en prison au milieu de coupables, ayant couru les chances du jugement des hommes. Le plaisir que j'éprouve en voyant proclamer mon innocence est-il en raison des douleurs que j'ai éprouvées? Ma vie est-elle assez longue pour qu'un jour seulement on me prive de cette liberté, si chère à tout ce qui existe, à tout ce qui a le sentiment : et quand, par divergence d'opinion ou par haine, un procureur du roi, un juge d'instruction peuvent, sur la supposition d'un crime ou d'une faute, me faire traîner en prison comme un coupable, ne puis-je donc avoir aucun recours? Le malheureux privé, par un fait semblable, du travail qui nourrit sa famille, quand, après trois mois de captivité, on l'aura reconnu innocent, qu'il aura suivi par crainte le conseil qu'on lui donne d'aller remercier monsieur le procureur du roi, s'il trouve en rentrant dans sa chaumière son champ, héritage de ses pères, vendu pour nourrir ses enfans, ou sa malheureuse famille mendiant son existence, ne se croira-t-il pas plutôt un vil esclave qu'un homme libre? Un tribunal d'équité ne viendra-t-il pas à son tour juger son persécuteur? et ceux à qui il donne chaque année une partie de ses sueurs, ne lui tendront-ils pas une main secourable!....

Il est beau de faire des économies; on le peut si facilement en France, que j'ai la certitude que nous arriverons enfin au jour où le roi pourra soulager le peuple : mais la dépense la mieux faite est celle qui peut réparer une injustice.

On comprendrait mal ma pensée si on croyait que je veux faire une règle commune à toutes les arrestations, si on croyait que je veux accuser le règne de Philippe Ier de pareilles indignités. Non, loin de moi ces idées; mais mon but est de prévenir le mal, et mon opinion, qu'il ne suffit pas qu'on ne le fasse pas pour avoir la liberté, mais qu'on ne puisse pas le faire.

Notre liberté est si mal comprise, que je n'ai pas la conviction que mon opinion, franche sur sa nature, ne me vaille pas à moi-même un mandat d'amener : mais peu m'importe, quand j'écris selon ma conscience je ne puis être réellement condamné que par elle, et je souffrirais avec indifférence l'injustice des hommes du pouvoir, si j'étais approuvé par mes concitoyens. Je pourrais ajouter bien des exemples, semblables à ceux que j'ai précités : mais, ce ne sont pas des volumes que j'entreprends d'écrire. Dans un moment où les événemens se succèdent avec rapidité, c'est déjà beaucoup d'une brochure. Il appartient d'ailleurs aux Chambres de faire enfin ce que la révolution de juillet leur indique formellement : de nous donner les lois communale et électorale, telles qu'elles doivent être ; aux citoyens, plus capables que moi, de demander la révision de nos lois, contradictoires avec les promesses qui nous ont été faites; et au gouvernement, de commencer l'exécution de ces promesses, en nous accordant l'entière liberté de la presse. A la France appartient encore le droit de présenter à ses députés des plans d'économie et de pondérer ses avantages avec ses dépenses. Depuis le nouveau règne j'ai vu les Chambres changer quelques articles de la Charte ; l'article 14 entre autres: c'était, à mon sens, exempter les ministres du blâme qui pesait sur eux, et avouer la légalité des ordonnances du 25 juillet; car, s'ils ont violé la Charte, il fallait les punir et conserver la Charte comme un monument inaltérable : s'ils ne l'ont qu'interprétée il faut changer l'article; car, c'est la loi elle-même qui est fautive et les acquite sur le chef d'accusation qui a rapport à ces mêmes ordonnances.

Cet amour que j'ai pour la loi ne peut m'empêcher de voir que, dans tous les partis, triomphe l'injustice. Les ministres étaient condamnables; mais ils ne pouvaient être justiciables d'une Chambre des pairs scindée par leurs accusateurs. Cette fournée de pairs, que vous avez révoqués, le roi déchu les avait créés légalement. Ils faisaient partie des trois pouvoirs; ils étaient légalement juges de ceux qui se sont rendus coupables sous l'existence de ces trois pouvoirs. J'ai vu encore, depuis le nouveau règne, la Chambre parler économie et n'en pas faire. J'ai vu des pensions accordées aux anciens serviteurs du roi Charles X, soit par des ordonnances ou autrement; des indemnités, des pensions accordées aux anciens serviteurs de Napoléon; tout cela ne va pas au but qu'on se propose, l'économie. Que vous répariez les injustices passées, à merveille; mais attendez que vous soyez assez riches pour le faire : contentez d'abord les masses et occupez-vous, après cela, des individus, et, si vous ne pouvez diminuer l'impôt sur les boissons, si vous ne pouvez faire qu'un vigneron ne transporte son vin d'une cave à l'autre, sans payer un droit, au moins soyez économes de donations; diminuez le traitement des hauts fonctionnaires : vous le pouvez. Vous n'exigez plus ces dépenses qui étaient imposées à plusieurs d'entre eux par l'ancien gouvernement; vous ne seriez pas constitutionnels. Empêchez ce cumul de places dont les favoris s'emparent. Ainsi, donnez l'aisance à plusieurs familles; augmentez le nombre de vos serviteurs, et que des gens capables, chacun dans sa spécialité, soient appelés à servir l'état. Créez des places honorifiques parmi celles qui sont soldées, et vous trouverez encore assez de gens capables, qui se feront un honneur de les accepter. Mais ne retranchez pas l'aisance des fonctionnaires subalternes qui font tout le travail de vos administrations; diminuez l'impôt qui surcharge le peuple : cette classe vous bénira. Mettez des impôts sur les objets de luxe, le tiers-état vous approuvera, et le luxe, loin de diminuer, s'augmentera; car ce qui est luxe plaira au peuple, parce qu'il le fera vivre : mais si vous cédez aux doléances des solliciteurs du haut rang, bientôt vous aurez des courtisans, et partant point d'économie possible. La classe moyenne mécontente ne vous offrira plus d'appui : cet appui que vous êtes en droit d'attendre. Vous aurez recours aux emprunts; mais emprunter c'est diminuer la fortune publique, et finir d'accabler le commerce et l'industrie; car les fonds qu'on vous prêtera par l'appât des intérêts que vous serez obligés d'offrir, eussent été employés dans des opérations commerciales et industrielles ; et la France payant des intérêts nouveaux consumera ainsi son avenir. Enfin, poursuivez, sous un meilleur système que celui-ci, le but que vous vous proposez d'atteindre; mais arrivez, pour la satisfaction de tous, à ce but : voilà tout ce que je souhaite pour le bonheur de la France.

Dès lors, en cas d'invasion, chaque citoyen voudra voler à votre secours; les uns vous offriront leur bras et leur vaillance; les autres vous apporteront de l'or en payant par avance leurs impôts. Vos forêts, vos domaines vous offrent encore de grandes ressources, et vous soutiendrez le choc de la guerre avec confiance, car vous en aurez vous-même inspiré à la nation. Mais que la voix de nous tous soit étouffée, que la bonne volonté dont je ne doute pas que notre gouvernement soit animé, soit sans effet, ou que ces effets ne soient pas patens aux yeux de la France, et cette guerre éminemment menaçante nous apportera tous les fléaux, réveillera l'espérance d'un parti, enfantera une Vendée, et notre découragement ne nous laissera plus assez d'énergie pour répondre à tant d'antagonistes. Alors, céderez-vous? ou bien, ne pouvant résister à tant d'ennemis et contenir les partis qui vous sont contraires que par des lois d'épouvante, reviendrez-vous à celles que créèrent dans notre première révolution les montagnards qui en effet résistèrent avec ces mesures violentes aux coalitions étrangères, aux royalistes, aux constitutionnels, aux girondins et à l'insurrection des départemens ?

Non, vous nous conserverez et nos libertés et nos droits : vous conserverez nos libertés en nous les donnant sans réserve, nos droits en agissant avec fermeté. Vous rendrez la confiance à ces libéraux, dont je dirais, à les voir faire, que l'argent est aristocrate, si je pouvais m'exprimer ainsi. L'or circulera, le commerce reprendra l'existence, vous ferez avec l'Amérique un traité d'alliance commerciale qui n'existait pas; vous apporterez les trésors du Nouveau-Monde, en échange des trésors de votre industrie; vous échangerez l'industrie des nations européennes contre votre industrie; vous vivifierez le commerce, et, au lieu de vous suicider vous-même en nous tuant, vous rendrez à notre pays la vie en même temps que la force et la splendeur.

Mais semer pour recueillir, c'est encore économiser : et le choc violent qui se prépare étant passé, je mettrai au jour un plan dont je vais dire ici quelques mots. Il consiste à éteindre en France la misère, à fixer le prix du grain, sans maximum, à donner du travail, à augmenter la richesse de la France, et à lui donner par la suite une armée disponible de trois cent mille hommes qui ne lui coûterait rien, qu'une avance de fonds peu considérable pendant quelques années, remboursable ensuite par douzième (1).

(1) Nous allons chercher bien loin la richesse, quand nous l'avons à notre porte; nous courons dans des pays malsains pour défricher des terres, quand l'agriculture en France réclame nos bras. Dans le Midi, combien de terres à défricher; dans les Landes, combien ne pourrait-on pas recueillir? Et, en pratiquant des routes et des canaux quand les terres sont assez compactes pour le permettre, combien ne donnerait-on pas de débouchés aux produits! En Bretagne et dans bien des départemens on aurait des récoltes immenses : ces terres coûteraient fort peu à acquérir; le gouvernement pourrait avoir la plupart à 20 fr. l'hectare. Je proposerais d'y établir des colonies militaires, de concéder des terres à tous ceux qui

La guerre est imminente, par le fait de la révolution de juillet 1830, par cette coalition

voudraient être soldats; de leur bâtir des maisons, de leur fournir des outils, de leur permettre de se marier. Ainsi j'éteindrais la mendicité; les enfans auraient les terres cultivées par leurs pères, à la charge d'être soldats. Ces terres ne leur appartiendraient cependant qu'en usufruit; et à l'âge de travailler déjà ces enfans seraient instruits des manœuvres. Les vieux soldats seraient à la charge de la colonie, si les emplois que pourrait leur donner le gouvernement comme retraite n'étaient pas en assez grand nombre pour les placer. Ces colonies nommeraient elles-mêmes leurs sous-officiers; les sous-officiers leurs officiers; et les officiers supérieurs, qui seraient tenus de faire manœuvrer les troupes dans la morte saison de l'agriculture, seraient choisis par le roi parmi des jeunes gens ayant assez de fortune pour occuper ces emplois sans émolumens. Les colonels et officiers supérieurs auraient cependant droit à une pension de retraite au bout d'un certain nombre d'années, qui serait fixée par une loi, et aux mêmes honneurs que l'armée en cas d'action d'éclat. Les officiers et sous-officiers auraient un lot de terrain à cultiver en raison de leur grade pendant leur activité, et droit à une pension de retraite qui serait annullée par l'acceptation d'un emploi, autant que cet emploi serait durable; mais l'officier pourrait opter entre la retraite ou l'emploi qu'on lui proposerait en compensation. Enfin ces colonies, orde rois qu'on nomme *sainte-alliance*, par les vœux de tous les peuples, qui demandent lois

ganisées par régimens, seraient tenues de s'habiller à leurs frais; mais les armes leur seraient fournies. Elles paieraient un impôt qui dépasserait bientôt le revenu des avances faites pour les bâtisses et achats de terrains qui se trouveraient par cela seul remboursés au bout de douze années. Chaque année le gouvernement emploierait ce revenu à acheter de nouvelles terres, et enfin lorsqu'il en aurait acquis assez pour nourrir cinq cent mille individus capables de porter les armes, parmi lesquels le ministre de la guerre en trouverait trois cent mille de disponibles, il n'aurait plus que bénéfice et une armée considérable sans frais. Les femmes, travaillant pour elles-mêmes, trouveraient, comme les femmes de la campagne, de quoi pourvoir à leur entretien. Elles s'occuperaient surtout aux travaux de passementerie et à tous ceux que l'équipement d'une armée réclame.

Cette colonie, sujette à des lois exceptionnelles comme usufruitière des terres appartenant à l'état, pourrait aider à modifier le prix du grain; ainsi le pain deviendrait meilleur marché en ce que le cours établi par les colonies militaires règlerait en quelque sorte le cours des marchés de la France; mais les colonies ne pourraient vendre leurs grains sans l'autorisation d'un commissaire du gouvernement. Ainsi si le grain était à un prix trop modique pour que le cultivateur étranger aux colonies et libertés. Son principe matériel est dans la paix qui vient d'exister entre les nations européennes depuis quinze ans. Cette lacune a donné naissance à une jeunesse qui nous suit, et développé les forces d'une génération belliqueuse, avide de gloire, de réputation. La guerre est presque une

pût à son tour payer ses charges, le gouvernement ne permettrait aucune émission du produit de ses colonies, et tiendrait un juste milieu entre le vendeur et l'acheteur. Ce serait un puissant moyen d'extinction de la misère, de richesse et de force. L'artillerie et la cavalerie ne pourraient faire partie de la colonie. L'artillerie d'une colonie serait en garnison dans la ville la plus proche, et la cavalerie achèterait de préférence les fourrages aux colons militaires.

Ce projet, qui demande à être développé, ne préjudicie en aucune façon à la garde nationale mobile et sédentaire : seulement il faut que l'autorité des maires sur cette dernière soit limitée. S'ils en sont les premiers commandans, l'autorité civile paralysera l'autorité militaire et la rendra moins capable, en cas d'événement, de prêter main-forte aux armées ; car ces colonies ne peuvent servir que pour des événemens futurs, et non pour ceux qui se préparent.

nécessité, pour donner l'essor à cette jeunesse dont l'imagination est aussi active que la vie.

La sainte-alliance, si c'est une jonglerie de rois, est rompue par le fait de notre révolution de juillet. Mais, s'il en est autrement, si les rois tiennent à leurs paroles, la Russie, la Prusse, l'Autriche nous déclareront la guerre, viendront nous dire que notre exemple est un précédent fatal aux gouvernemens absolus; que cependant, sans nous contester le droit de vivre chez nous comme bon nous semble, ils viennent réclamer le droit du souverain sans s'opposer aux droits du peuple. Ils nous parleront de légitimité, nous présenteront pour souverain le duc de Bordeaux, comme successeur du roi Charles X, qui a abdiqué, du duc d'Angoulême, qui a renoncé au trône; et le duc de Reischtadt comme successeur de Napoléon, qui a été sacré, qui était bien réellement possesseur du trône de France, nous offrant de choisir entre ces deux compétiteurs. Ainsi, sans nous imposer une loi absolue, sans se rattacher aux personnes, ils se rattacheront au principe qu'ils défendent, la légitimité; et, pour corroborer cette intervention armée, ils nous offriront de garder nos libertés, notre constitution et nos couleurs. C'est alors que la France se montrera une grande nation, qu'elle répondra avec noblesse et fermeté. Mais, pour être noble et ferme, il lui faut le sentiment de sa propre dignité, et ce sentiment, elle ne le trouvera que dans ses libertés. Qu'on s'empresse donc de les lui donner par des lois préservatrices, et que des ministres enflés d'orgueil, parce qu'ils sont ministres, ne croient pas que tout soit heureux en France parce qu'ils sont à leur apogée. Que cette aristocratie nouvelle n'agisse pas comme l'ancienne, et que celui des hauts fonctionnaires qui trouvait que les ordonnances du 25 juillet étaient légales, qui le disait le 26, et qui, le 29, parlait des mémorables journées en saisissant le pouvoir, pense en compensation au bien-être de la France; qu'ils y pensent aussi ceux qui ont fait brûler par la main du bourreau ce qu'ils encensent aujourd'hui.

Ceux qui ont accordé des faveurs de places en échange de faveurs de boudoirs, qu'ils y pensent........

Le peuple français est prêt à défendre son roi et ses libertés; mais, si on le laisse se décourager par des retards continuels, par le secret de ses propres affaires, peu lui importera le changement: il regrettera la légitimité. Et malgré la bonne volonté et la capacité du plus jeune de nos ministres; malgré le talent et l'énergie de notre ministre de la guerre; malgré l'armée qu'il aura bientôt créée pour l'honneur de la France; si elle n'est appuyée par le peuple, l'invasion étrangère sera menaçante, et l'on verra les partis se remuer dans l'intérieur. Si, pour le bonheur de notre patrie, nous sentons le bien-être que notre régénération politique devait produire, c'est alors que, soldats et citoyens, nous saurons répondre à l'étranger. Mais, par prévision, ne devrions-nous pas dès à présent avoir une franche et définitive explication au congrès? Nous pourrions ensuite protéger nos alliés de cœur et de fait, la Pologne, la Belgique et tous les États qui se sont joints à nous et ont adopté nos principes. Nous pourrions connaître l'esprit du cabinet anglais, qui, au moment d'une guerre imminente, viendra sans doute pour condition des secours qu'il peut nous accorder, nous demander Alger : la nation anglaise se défiera toujours de notre accroissement de puissance, et prendra tôt ou tard un prétexte pour la contre-balancer.

En effet, ne menacerions-nous pas l'Europe, à notre tour, si, ayant pour nous le cœur des peuples, la Belgique, la Suisse, la Pologne, une partie de la Prusse, la navigation libre, pour envoyer des transports de troupes, et faire d'utiles diversions, qui imposeraient à nos ennemis la nécessité de garder leurs côtes; si permettant l'armement de corsaires, faisant avec la Porte une alliance qu'elle accepterait, par économie et par haine; par économie, parce que les Turcs n'ont pas payé les subsides que leur ont imposés les Russes; par haine parce qu'ils ont été vaincus; si, envoyant en Perse un homme plein de talent et d'énergie, qui se fait fort d'amener le Shah à une alliance pareille, et de lever une armée considérable qui donnerait de l'occupation aux Russes (1).

Si, calmant nos querelles intestines, par la sagesse d'un gouvernement dont le principe serait le bonheur des masses, la sécurité individuelle et la liberté réelle pour tous, ne serions-nous pas puissans? et, avec le concours franc de l'Angleterre, ne pourrions-nous pas combattre avec avantage le reste du monde? Sans elle, si sa crainte politique l'éloigne de nous le prêter, ou si ses demandes sont en raison inverse de nos idées, ne serions-nous pas encore assez forts pour lui résister?

Pourquoi donc craindre la guerre? Pourquoi ce système de non intervention qui chaque

(1) Il ferait de la Perse un nouveau débouché pour notre commerce, dont l'importance en ce pays serait en raison de l'accroissement de la civilisation qu'il y porterait.

jour nous devient plus difficile à soutenir, parce qu'il est en opposition avec les intérêts de la France, et que déjà les événemens nous font un devoir impérieux d'en agir autrement? Il ne faut pas se le dissimuler, c'est la guerre des peuples contre les rois, et cette lutte sanglante ne finira qu'avec l'anéantissement de leur puissance ou l'anéantissement de la liberté.

Ceux qui nous gouvernent laisseront-ils donc accabler nos amis? Nous priveront-ils de leur assistance au jour du combat? Les laisseront-ils écraser sans leur tendre une main secourable? Engageront-ils notre roi à participer de principe avec la sainte-alliance, afin que tout soit concordant avec leur système?

Notre opinion à nous est qu'il faut secourir nos frères d'armes, qu'il nous faut une monarchie entièrement libérale, qu'il nous faut toutes les libertés inhérentes à notre révolution, qu'il nous faut (mais plus tard, quand nous serons sortis de la lutte où les événemens nous entraînent) des lois en coïncidence avec notre position sociale.

C'est pour arriver à ce résultat, pour affermir le trône et jouir du bonheur et de la tranquillité que nous aurons payés par tant de sacrifices, que nous nous réunirons.



FIN.

www.ingramcontent.com/pod-product-compliance
Lightning Source LLC
LaVergne TN
LVHW010056230826
846091LV00005B/1954

*9782012392236*